Thaneeya McArdle

AF202700

NATUR-MANDALAS

TRINITY
KREATIV

Aus Freude am Malen

Wenn Sie bisher dachten, dass Ausmalen langweilig ist, werden Sie gleich das Gegenteil erfahren! Denn Kolorieren ist nicht nur unglaublich entspannend, es bietet auch Raum für viel Kreativität. Verleihen Sie meinen Vorlagen einfach Ihre ganz persönliche Note. Gestalten Sie jedes Design um, indem Sie beliebig zusätzliche Details und Farben ergänzen.

Sie können beispielsweise die unten dargestellte Sonne vielfach verändern und verschönern, ganz wie Sie mögen. Je nachdem, welche Muster und Techniken man einsetzt und mit welchem Farbschema man arbeitet, sieht sie völlig anders aus.

Zeichnen Sie ein Gesicht in die Sonne.   *Fügen Sie abstrakte Muster hinzu.*

Kolorieren Sie mit Buntstiften und ergänzen Sie Schattierungen.

Kolorieren Sie mit Buntstiften, Filzstiften und Gelstiften. Setzen Sie funkelnde Akzente mit Glitzer-Gelstiften.

Kolorieren Sie mit Filzstiften und setzen Sie mit weißem Gelstift Akzente.

TIPP
Wenn Sie noch ein wenig unsicher sind, zeichnen Sie die Muster zunächst mit Bleistift und malen Sie die Konturen erst dann schwarz oder farbig nach. Natürlich können Sie auch gleich mit schwarzem Stift zeichnen und hinterher kolorieren. Oder von Beginn an alles farbig zeichnen. Experimentieren Sie einfach nach Lust und Laune mit allen drei Methoden, dann werden Sie herausfinden, was für Sie am besten funktioniert!

Gestaltungsmöglichkeiten

Ein Muster entsteht aus sich wiederholenden Formen und Linien. Es kann einfach, aber auch sehr komplex sein, ganz nach Ihren Vorlieben und abhängig davon, wie viel Platz Sie zum Ausfüllen haben. Keine Angst – auch sehr komplizierte Muster beginnen ganz schlicht mit einer Linie oder einer Kontur.

Fließende Formen

Hier sehen Sie einige Formen, aus denen sich ganz einfach Muster entwerfen lassen.

Bevor Sie nun aus diesen Formen Muster kreieren, verschönern Sie sie noch ein bisschen, indem Sie sie umranden, die Linie doppelt oder mehrfach nachziehen, damit sie dicker wird, und innen und/oder außen weitere Formen hinzufügen.

Damit diese reich verzierten Formen ein Muster ergeben, müssen sie nur, wie unten gezeigt, mehrfach wiederholt werden. Sie können dabei auch noch weitere kleine Formen innerhalb der einzelnen Musterkomponenten integrieren.

Diese Muster nennt man »fließende« Muster, weil sie sich nicht an einer vorgegebenen Linie orientieren (anders als die im nächsten Beispiel). Fließende Muster lassen sich gut als Raumfüller in Bilder integrieren und können groß oder klein, kurz oder lang sein.

TIPP

Wenn Sie bereits mit Filzstiften oder Gelstiften kolorierte Seiten noch mit weiteren Formen oder Mustern versehen möchten, achten Sie darauf, dass die Farben vollständig trocken sind, bevor Sie sie übermalen, damit nichts verwischt.

Liniengebundene Formen

Beginnen Sie mit einer Linie und zeichnen Sie darauf (oder auch darunter!) sich wiederholende Formen, der Linienführung folgend. Dann können Sie die Formen wieder durch Umrandung, Verdickung oder Ergänzung weiterer Formen – inner- und außerhalb der Formen – verschönern. Sehen Sie sich einfach das nächste Beispiel an.

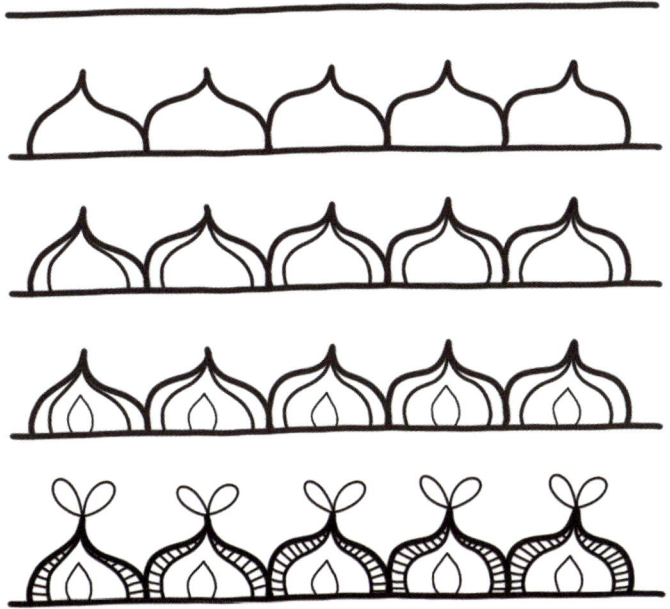

Formen lassen sich auch sehr leicht zwischen zwei Linien einfügen, wie hier gezeigt:

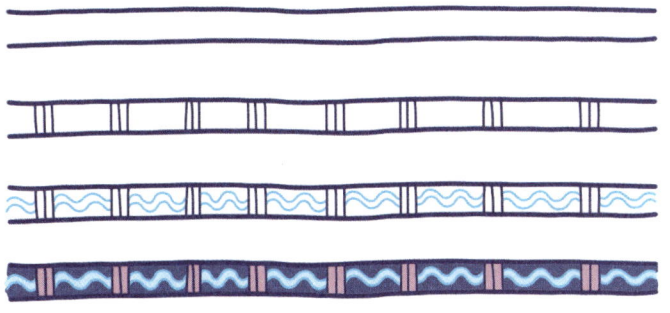

Verzierungslinien

Muster lassen sich auch gut aus einfachen, aber dekorativen Verzierungslinien entwickeln. Sie können beispielsweise spiral- oder wellenförmige Linien entwerfen und diese dann mit weiteren Details verzieren. Hier sehen Sie einige Beispielformen für Verzierungslinien.

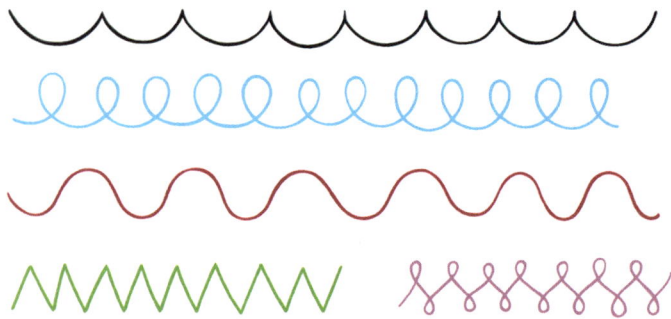

Als Nächstes können Sie diese Linien durch Umrandungen und Verdickung oder durch ein- oder mehrfaches Übermalen verschönern. Sie können auch zusätzliche Formen in den Musterverlauf integrieren.

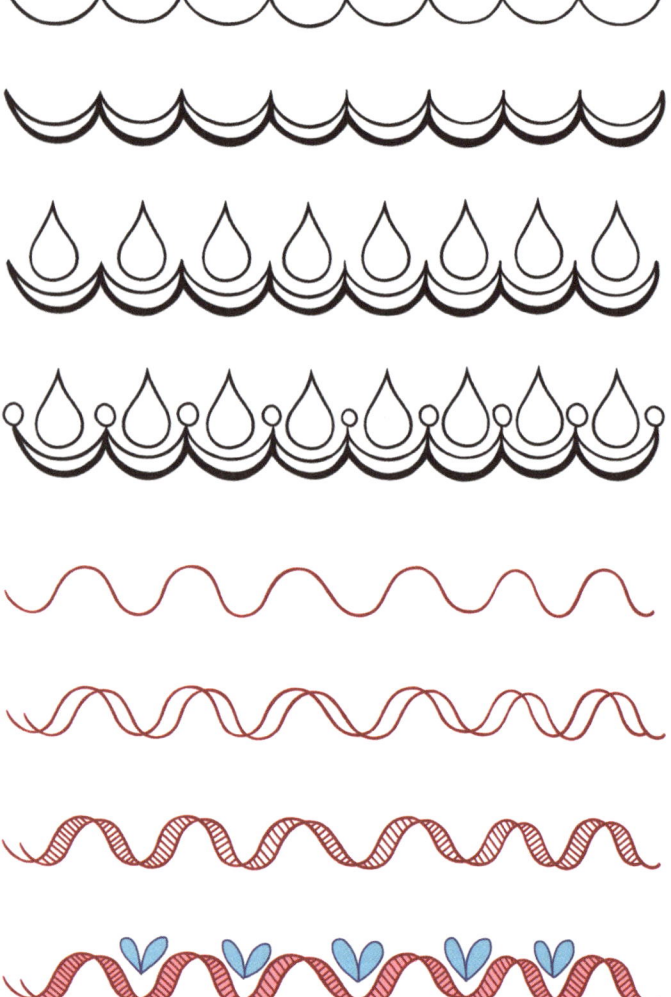

Muster durch Farbwiederholung

Muster entstehen auch, wenn man bestimmte Farbkonstellationen mehrfach wiederholt. Wenn Sie die Farben der Formen innerhalb eines Musters variieren, wird dadurch ein effektvolles Muster erzeugt.

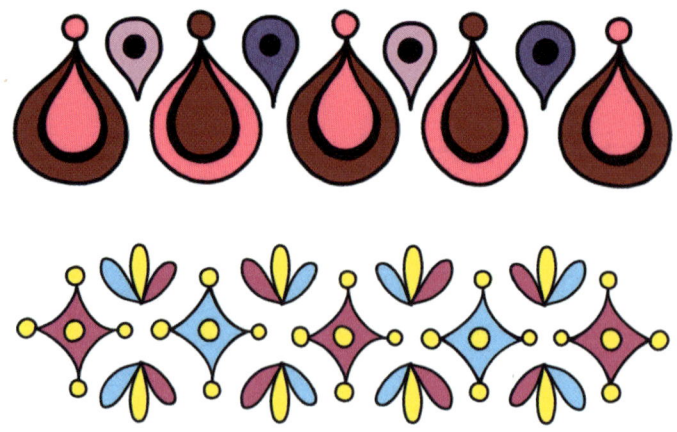

TIPP

Muster müssen sich keineswegs immer an einer geraden Linie orientieren. Die Linie kann in Kurven verlaufen, im Zickzack, spiralförmig oder beliebig die Richtung wechseln. Ganz wie Sie möchten. Sie können Muster an einer Kurvenlinie entstehen lassen, wobei die Formen dem Linienfluss folgen. Derartige Muster sehen toll aus, wenn sie am inneren oder äußeren Rand einer Zeichnung ergänzt werden, wie zum Beispiel an der Innenseite eines Blütenkelches oder Schmetterlingsflügels.

Farbtechniken und Materialien

Ich koloriere am liebsten mit verschiedenen Materialien. Immer wenn ich etwas Neues versuche, trage ich zunächst alles auf Schmierpapier über- und nebeneinander auf, um herauszufinden, was geht und was nicht. Am besten notieren Sie in einem Skizzenbuch, was Sie ausprobiert haben: Techniken, Farben, Materialien und Hersteller – alle Hinweise können hilfreich für weitere Projekte sein.

Filzstifte & Buntstifte

Bereiche, die mit einem Filzstift koloriert wurden, kann man optisch »weicher« gestalten, indem man sie mit Buntstiften übermalt. Beginnen Sie sanft, dann wenden Sie gegebenenfalls mehr Druck an.

Filzstift + Buntstift = = weicheres Erscheinungs-
bild

Probieren Sie zunächst auf Schmierpapier aus, ob die ausgewählten Farben zusammen so aussehen, wie Sie es sich vorgestellt haben. Natürlich müssen die Farben nicht unbedingt zusammenpassen, denn schließlich sind Sie völlig frei in der Gestaltung. In der nachstehenden Abbildung können Sie sehen, dass ein »kühlender« Effekt auftritt, wenn Sie einen mit Filzstift kolorierten Untergrund mit einer anderen Farbe übermalen.

Filzstift (waagerechte Linie), mit Buntstiften übermalt (senkrechte Linien).

Lilafarbener Filzstift, mit weißem und hellblauem Buntstift übermalt. Gelber Filzstift, mit orangefarbenem und rotem Buntstift übermalt.

Filzstifte & Gelstifte

Filzstifte und Gelstifte sind bei mir meist gleichzeitig im Einsatz, denn mit Filzstiften kann man schnell große Flächen füllen, während Gelstifte mit feinen Spitzen hervorragend geeignet sind, um attraktive Details zu ergänzen. Weiße Gelstifte sind optimal zum Übermalen sehr dunkler Farben, während man mit Glitzer-Gelstiften ganz tolle, funkelnde Effekte erzielt.

Schattieren

Schattierungen eignen sich großartig dafür, einer Zeichnung Tiefe und das gewisse Etwas zu verleihen. Schon das versetzte Übereinandermalen verschiedener Farben oder Farbtöne kann eine Schattierung geschickt andeuten. Auch durch Verwendung unterschiedlicher Materialien lassen sich Schattierungen erzeugen.

Mit Filzstiften koloriert; schattiert durch Bearbeitung mit Buntstiften an den inneren Ecken der Blütenblätter, um den dreidimensionalen Eindruck der Blattschichten zu erzeugen.

Mit Buntstiften koloriert und schattiert.

Mit schwarzer Farbe aufgetragene Linien und Punkte bewirken die Schattierung, dann wird mit Filzstiften koloriert.

Kleine Farbenlehre

Hier sehen Sie einen raffinierten Farbkreis. Alle Farben sind mit einem der Buchstaben P (Primär), S (Sekundär) oder T (Tertiär) versehen. Die Primärfarben sind Rot, Gelb und Blau, sie können nicht aus anderen Farben gemischt werden. Sekundärfarben entstehen durch die Mischung zweier Primärfarben im Verhältnis 1:1. Das Ergebnis: Orange, Grün und Violett. Tertiärfarben entstehen aus der Mischung einer Primärfarbe mit einer Sekundärfarbe. Beispiele sind Grüngelb, Rotviolett oder Blaugrün.

Schaut man entlang der sechs großen Blütenblätter in dem Farbkreis zur Mitte hin, sieht man drei Reihen hellerer Töne der jeweiligen Farbe. Das sind Mischungen der Farben mit Weiß. Die folgenden drei Reihen zur Mitte hin sind dunklere Töne der jeweiligen Farben, also Mischungen der Farben mit Schwarz.

Die Farben in der oberen Hälfte des Farbkreises (Rot, Orange, Gelb) werden als warme Farben bezeichnet, die in der unteren Hälfte (Grün, Blau, Violett) als kalte Farben. Einander im Farbkreis gegenüberliegende Farben nennt man Komplementärfarben, nebeneinanderliegende Farben sind die sogenannten analogen Farben.

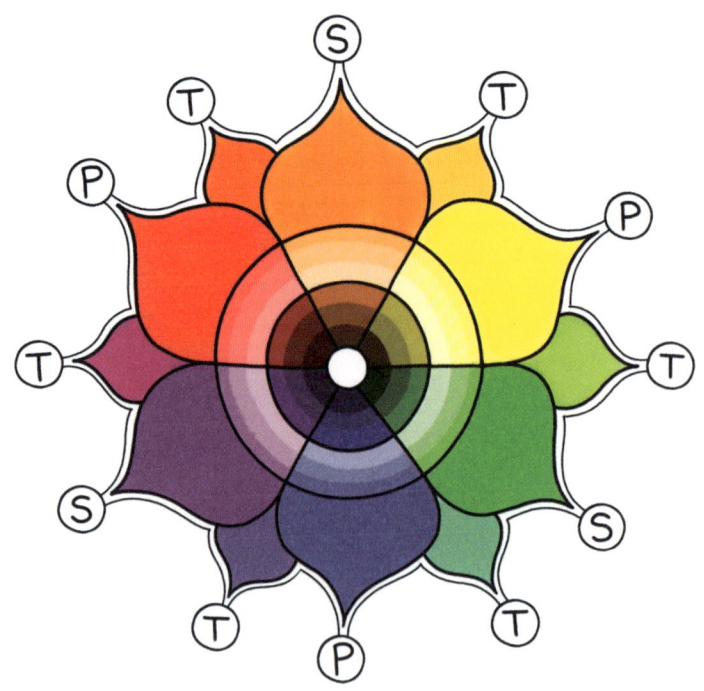

Bei den Schmetterlingen unten fällt gleich ins Auge, wie jede Farbkombination den Gesamteindruck verändert. Auch die weiteren kolorierten Seiten in diesem Buch sollen Ihnen als Inspiration dienen. Die Farbtropfen unterhalb der Bilder zeigen an, welche Farben für die Zeichnungen verwendet wurden.

Warme Farben

Kalte Farben

Warme Farben mit kalten Akzenten

Kalte Farben mit warmen Akzenten

Mischungen aus roter Farbe mit Weiß und Schwarz

Mischungen aus blauer Farbe mit Weiß und Schwarz

Analoge Farben

Komplementärfarben

Analoge und Komplementärfarben

Filzstifte, Buntstifte, Gelstifte

Filzstifte, Buntstifte, Gelstifte

Filzstifte, Gelstifte

Filzstifte, Buntstifte, Gelstifte

Filzstifte, Gelstifte

Filzstifte, Buntstifte, Gelstifte

Buntstifte

Filzstifte

Filzstifte

Los geht's

Jetzt wird es Zeit, selbst kreativ zu werden.
Nehmen Sie Buntstifte, Gelstifte oder
Filzstifte zur Hand, was immer Ihnen passend
erscheint, und legen Sie los! Dank der
seitlichen Perforierung der Blätter können
Sie Ihre Werke leicht heraustrennen
und sich selbst oder einen lieben
Menschen damit beschenken.

Viel Spaß beim Malen!

Das Glück ist wie ein Schmetterling.
Wenn wir es jagen, vermögen wir es nie zu fangen,
aber wenn wir ganz ruhig innehalten,
dann lässt es sich bei uns nieder.

Nathaniel Hawthorne

Wende dein Gesicht der Sonne zu,
dann fallen die Schatten des Lebens hinter dich.

Sprichwort aus Afrika

Mögen die Flügel des Schmetterlings
die Sonne küssen und er sich
auf deiner Schulter niederlassen,
um Glück und Reichtümer zu bringen,
morgen und immerfort.

Irischer Segensspruch

Sei glücklich für diesen Augenblick.
Dieser Augenblick ist dein Leben.

Omar Khayyam

Wo Blumen blühen, da ist Hoffnung.

Lady Bird Johnson

Ein Baum, der fällt, macht mehr Krach
als ein ganzer Wald, der wächst.

Sprichwort aus Tibet

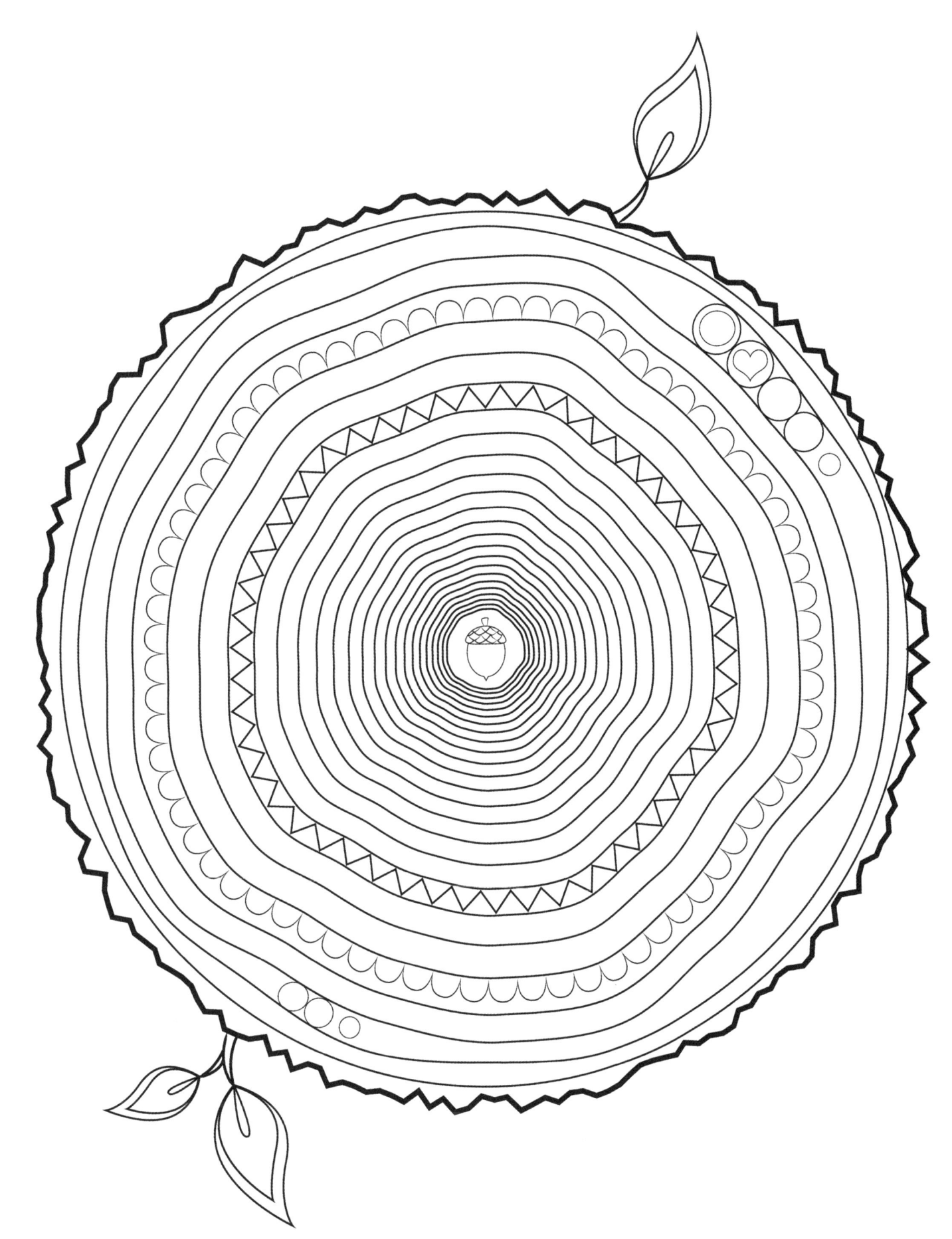

Die Erde lacht durch Blumen.

Ralph Waldo Emerson

Wer sich mit den Schönheiten und Mysterien
dieser Erde beschäftigt, ist niemals allein
oder des Lebens überdrüssig.

Rachel Carson

Bewahre dir den Glauben an die schönen Dinge.
Glaube an die Sonne, wenn sie nicht scheint.
Glaube an den Frühling, wenn es schneit.

Roy Rolfe Gilson

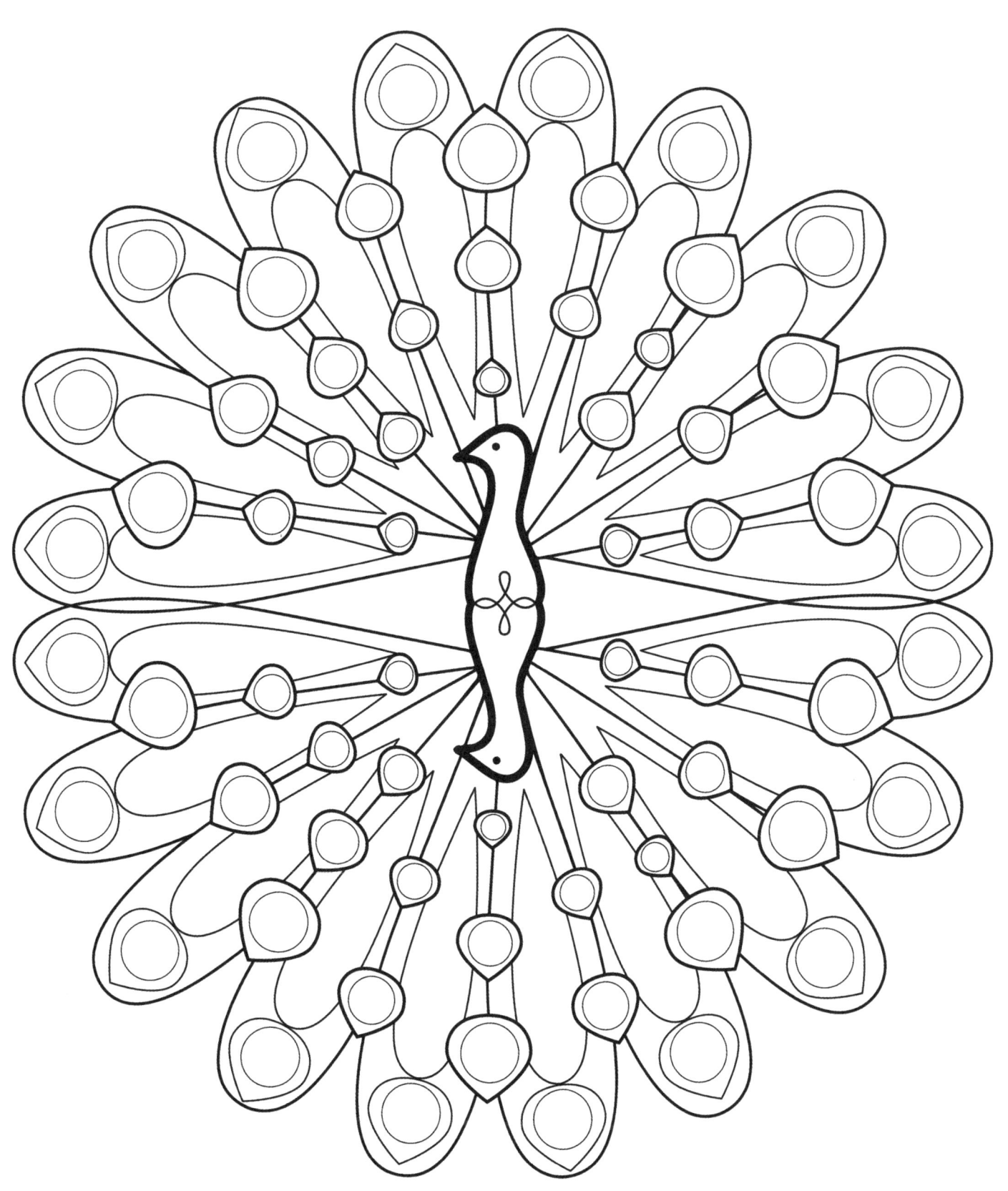

In allem, was die Natur hervorbringt,
ist etwas Bewundernswertes.

Aristoteles

Kein Vogel fliegt zu hoch,
wenn er sich mit seinen eigenen
Flügeln in die Höhe schwingt.

William Blake

Wer über die Schönheiten der Erde nachdenkt,
entdeckt Kraftreserven für ein ganzes Leben.

Rachel Carson

Wenn du etwas haben willst,
das du noch nie hattest,
musst du etwas tun,
das du noch nie getan hast.

Unbekannt

Ich glaube daran, dass die Natur
eine subtile Anziehungskraft hat,
die uns, wenn wir ihr unbeirrt folgen,
auf den richtigen Weg führt.

Henry David Thoreau

Das Meer berührt das Herz,
inspiriert die Vorstellungskraft
und schenkt der Seele
unendliche Freude.

Wyland

Ich bitte dich, geh hinaus
und koste von der Schönheit der Wildnis.
Bewahre die Wunder der Erde
und staune darüber wie ein Kind.

Edna Jaques

Ich erkenne jetzt das Geheimnis,
wie der Mensch sich am besten entwickelt.
Er wachse auf an der frischen Luft
und esse und schlafe im Rhythmus der Natur.

Walt Whitman

Die Natur lindert und heilt und ordnet meine Sinne.

John Burroughs

Leben ist nicht genug ...
Sonnenschein, Freiheit und eine kleine Blume
gehören auch dazu.

Hans Christian Andersen

Ein Nein zur Umgebung ist
manchmal ein Ja zu sich selbst.

Unbekannt

Die Natur ist nie in Eile.
Schritt für Schritt
erledigt sie ihre Arbeit.

Ralph Waldo Emerson

Es stirbt die Poesie der Erde nimmer.

John Keats

Es entzückt die Erde, deine nackten Füße zu spüren,
und den Wind, wenn er mit deinen Haaren spielt.

Khalil Gibran

Die englischsprachige Originalausgabe ist 2014 unter dem Titel *Nature Mandalas Coloring Book* bei New Design Originals, www.d-originals.com, einem Imprint von Fox Chapel Publishing Company Inc., 1970 Broad Street, East Petersburg, PA 17520, erschienen.

2. Auflage 2021

© 2014 Thaneeya McArdle and New Design Originals

© der deutschsprachigen Lizenzausgabe:
2021 Trinity Kreativ, ein Imprint des Scorpio Verlags in Europa Verlage GmbH, München
© der deutschsprachigen Lizenzausgabe:
2016 Trinity Kreativ Verlag in der Scorpio Verlag GmbH & Co. KG, München

Übersetzung: Angela Letmathe, Süssau
Lektorat: Angela Hermann-Heene
Umschlaggestaltung: Guter Punkt, München, www.guter-punkt.de
unter Verwendung des Originaldesigns von © Thaneeya McArdle,
www.art-is-fun.com
Satz: Veronika Preisler, München
Druck und Bindung: Print Consult GmbH, München

ISBN 978-3-95550-177-8
www.trinity-kreativ.de
Alle Rechte vorbehalten.